황금빛 위로

황금빛 위로

초판 1쇄 발행 2022년 6월 10일

지은이 최명숙
펴낸이 장길수
펴낸곳 지식과감성#
출판등록 제2012-000081호

교정 이혜지
디자인 정윤솔
편집 정윤솔
검수 김우연, 이현
마케팅 고은빛, 정연우

주소 서울시 금천구 벚꽃로298 대륭포스트타워6차 1212호
전화 070-4651-3730~4
팩스 070-4325-7006
이메일 ksbookup@naver.com
홈페이지 www.knsbookup.com

ISBN 979-11-392-0507-7(03810)
값 15,000원

지식과감성#
홈페이지 바로가기

황금빛 위로

시 · 그림 최명숙

차례

머리말 • 10

01
사랑과 감사
- 당신은 보배로운 행운입니다

기쁜 날 • 14
당신과 함께한 시간에는 • 16
제라늄 핀 카페 창가에 앉아 • 18
네가 있어서 다행이다 • 20
당신과 함께 있으면 • 22
난 언제나 당신 편이에요 • 24
토란잎 • 28
부부 • 30
정 • 32
호접란 • 34

약속 • 36
백일홍나무 • 38
물가의 나무처럼 • 40
하늘이 높고 파란 날에도 • 42
눈처럼 내리는 사랑 • 44
눈 오는 날 브런치 카페에서 • 46
집으로 돌아가는 길 • 48
절임 배추가 쌓인 걸 보니 • 50
억새 핀 길을 걸으며 • 52
당신과 함께라서 • 54

02
위로와 격려

- 너의 꽃은 시들지도 않고

위로 · 58

리아트리스 · 60

사랑스러운 사람 · 63

오직 직진뿐 · 66

실수 · 68

군자란 · 70

꽃기린 · 72

새와 나무 · 75

가방을 앞으로 멘 청년 · 78

자전거와 가로등 · 80

파란 새 • 82
스트로브잣나무 • 84
은행나무 • 86
뒤로 걷는 사람 • 88
꽃이 지는 저녁에 • 90
퇴근길 • 92
가지치기된 겨울나무의 말 • 94
첫발을 내디디세요 • 96
지혜롭게, 용기 있게 • 98

03
성찰과 꿈
- 좁은 길로 가는 이유

거리 • 102

가시철망 • 104

구름의 그늘에서 벗어나려면 • 106

그 집 울타리가 예쁜 이유 • 108

나비인지 나방인지 • 110

꽃병 • 112

물에 잠긴 돌 • 114

바다를 향해 늙는 나무 — 마카오에서 • 116

매미 • 118

오늘, 푸른 잔디 마당에 서서 • 120

야자 매트 • 122

오래된 수첩을 보며 • 124
이정표 앞에서 • 126
풍경 • 128
호수를 바라보며 • 130
좁은 길로 가는 이유 • 134
유리창을 닦으며 • 136
느티나무 두 그루 • 138
끈 • 140
내가 때때로 슬픈 이유 • 142
뭔들 못 할까 • 144

부록 – 독자에게 드리는 선물 • 146

머리말

이해하기 쉽고 공감하기 쉬운 시,
서정적이면서도 삶에 대한 통찰을 담고 있는 시,
위로가 되고 격려가 되는 시,
따뜻하게 스미는 사랑의 시를 쓰려고 저는 노력합니다.
살아가면서 경험하는 즐거움과 고통을 통해
삶의 의미를 깨닫고 발전해 가는 기쁨을 쓰려고 노력합니다.

이 시들은 저의 그러한 노력의 산물입니다.

이 시집은 3부로 구성되어 있습니다.

1부는 사랑과 감사의 시들입니다. 이 시들은 제가 사랑하고 사랑받으며, 이미 받은, 혹은 받고 있는 축복에 감사하며 쓴 시들입니다.

2부는 위로와 격려의 시들입니다. 이 시들은 제가 받은 위로와 격려, 그리고 제 가까운 이들과 독자들에게 드리고 싶은 저의 위로와 격려를 표현한 시들입니다.

3부는 성찰과 꿈의 시들입니다. 이 시들은 저 자신 혹은 외부 세계에 대한 성찰과 저의 지향을 보여 주는 시들입니다.

이 시집의 그림들은 모두 제가 그렸습니다. 사진도 제가 찍었습니다. 좀 부족하더라도 제 정성을 헤아리셔서 시와 그림과 사진이 주고받는 이야기에도 귀를 기울여 주시면 좋겠습니다.

이 시집에는 또한 시화들이 부록으로 실려 있습니다.
독자에게 드리는 저의 소박한 선물입니다.

저의 시를 사랑해 주셔서 감사합니다.

2022. 5.
최명숙

01 사랑과 감사

- 당신은 보배로운 행운입니다

기쁜 날

꽃이 피어서 좋다
네가 와서 좋다

너를 생각하며
너를 기다리며

문밖의 네가
꽃처럼
물을 사랑하고
햇볕을 사랑하고
바람을 사랑하고
먹구름과 어둠까지 사랑하길 바랐지

기쁜 날을 꿈꾸며

꽃이 피길 바랐지
문이 열리길 바랐지
네가 오길 바랐지

당신과 함께한 시간에는

당신과 함께한 시간에는
씨앗이 들어 있었나 봅니다
당신을 만나지 못하는 날들이 계속되면서
당신과 함께한 시간이 내 마음에 낳은 씨앗에
밤이면 밤마다
별빛이 고였습니다
낮이면 낮마다
햇빛이 스며들었습니다
씨앗은 드디어
당신 생각에 젖은 내 마음속에서
부풀기 시작했습니다
껍질을 열기 시작했습니다
당신을 만나러 가는 오늘엔
떡잎 하나 올라왔습니다
사랑일까요?
들뜬 마음 가라앉히며
그 작은 식물을 한번 키워 볼 생각입니다
물을 주고
바람을 막아 주며
꽃을 기다려 볼 생각입니다

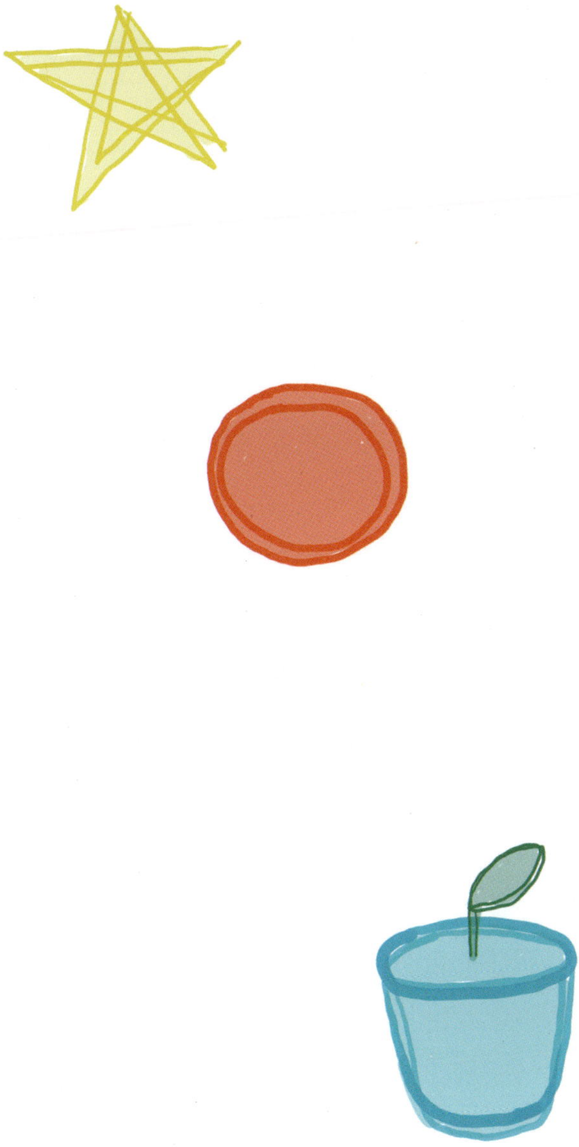

제라늄 핀 카페 창가에 앉아

너를 기다리며
네가 지나올 길을
네가 올라갈 계단을
네가 건널 횡단보도를
그리어 본다
네가 스쳐 간 사람들은
너를 알아보았을까
함께 있으면
마음이 밝아지고
보고 있으면
기분이 좋아지는 너를
그들은 느꼈을까
창가에 스며드는 햇빛처럼
창가에 번지는 제라늄 분홍빛 웃음처럼
따뜻하고 해맑은 너를
내가 기다리고 있다는 걸
내가 이렇게 행복한 사람이라는 걸
사람들은 알 수 있을까

네가 있어서 다행이다

겨울바람이
난데없이
가슴을 후비고 가
심사가 사나운 날
네가 있어서 다행이다
멀쩡하게 생겨 갖고는
찌그러진 채
속울음 우는 나를 알아주고
둥근 어깨로 안아 주는
네가 있어서 다행이다
모자라기만 한
내 말을 들어주고
내 등을 쓰다듬으며
내 하루를 토닥이는
네가 있어서 정말 다행이다

당신과 함께 있으면

당신과 함께 있으면
능수벚나무 안에 있는 것 같아요
긁히고 치이며
오늘따라
좀 힘들었는데
마음에 금이 갔는데
나를 감싸며
내 얘기에 귀 기울이는
당신의 마음이
연분홍 꽃잎 되어
하늘하늘
내 발등에 쌓이네요
당신의 부드러운 목소리가
따뜻한 안개처럼
능수벚나무 안을 채우네요

난 언제나 당신 편이에요

당신은
흔들리는 목소리로 내게
어떻게 지내느냐고
여전하냐고 물었지요
물론이죠 나는 여전해요
난 여전히 당신 편이에요
내 마음은 늘 당신을 향해 열려 있고
내 손은 따뜻해요
당신은 내게서 안전해요
나는 예전처럼 당신을 지켜 줄 거예요
얼마든지
당신 삶을 치고 들어온 돌멩이들을
당신 가슴을 누르고 있는 기왓장을
당신을 할퀴고 간 물과 바람을
마음 놓고 얘기하세요
우리가 손을 잡고 함께 울었던
그때처럼
나는 당신과 함께 울 거예요
볼 수 없고 만날 수 없는 때라도

난 언제나 당신 편이에요

당신과 함께 있어요

난 여전히 당신 편이에요
내 마음은 늘 당신을 향해 열려 있고
내 손은 따뜻해요
당신은 내게서 안전해요

볼 수 없고 만날 수 없는 때라도

난 언제나 당신 편이에요

당신과 함께 있어요

토란잎

이슬로 내려온 내가
다른 잎을 만났더라면
물이 되어 스미거나 퍼졌을 텐데
토란잎 같은 당신을 만나
희고 투명한 수정이 되었네요
바람에도 꺾이지 않고
비에도 젖지 않는
단단하고 넓은 마음으로
당신은 나를 하늘의 존재로 대우하며
이리저리 흔들리며 긁히는
내게 향기로운 기름을 발라 주고
둥글게 빛나는 보석이 되도록 도우셨지요
부족한 내가 온 힘을 다해
내 안의 빛을 드러내도록 도우셨지요
아, 토란잎 같은 당신은
내게 보배로운 행운입니다

부부

노을 진 산책로
부부가 걸어간다
남편은 등이 조금 굽었고
어깨가 왼쪽으로 기울었다
아내는 다리가 조금 휘었고
어깨가 오른쪽으로 기울었다
삶의 짐을 이고 지고
살아오다 보니
어떤 것은 남편이 기울고
어떤 것은 아내가 기울어
서로 챙기다 보니
기울고 굽고 휘었나 보다

결혼생활은 50:50이 아니다
그저 온 힘을 다해
제 몫을 하면서
서로를 섬기는 것이다
온 마음을 다해
서로를 품고

같은 곳을 향해

함께 걸어가는 것이다

정

아침 산책길에
나팔꽃을 자주 만나다 보니
나팔꽃은 언제 피는지
나팔꽃은 무엇을 좋아하는지
나팔꽃은 왜 울타리를 타고 올라가는지
자꾸 궁금해진다
그러더니 급기야
정이 들었나 보다
찬 바람이 불면서
얼굴을 더디 보여 주던
나팔꽃이 그예
울타리에 마른 줄기만 남겨 놓고
떠나 버리자
내 산책길은 쓸쓸하기만 하고
자꾸 나팔꽃이 생각난다
나팔꽃이 보고 싶다

호접란

꽃이 피어날 때
내 마음도 피어난다
속을 감싸고 있던 산호색 꽃잎들이
나비 날개처럼 펼쳐져
흰 꽃술이 살며시 드러날 때
세월의 주름 사이에
눌려 있던 내 기억의 꽃잎들도
아스라이
물안개처럼 피어난다
마음속 흰 꽃술이 드러난다
잊었으나
차마 잊히지 못했던
산호색 스웨터의
하얀 얼굴

약속

피기 전에
향기부터 나는 꽃이 있다

만나기 전에
가슴부터 설레는 사람이 있다

너 때문인지
나 때문인지

마냥 들떠서
구두부터 챙기는 하루가 있다

백일홍나무

다가가다
머뭇거리며 망설이고
망설이며 나아가다
돌아서서
또다시 주춤주춤
당신께 보여 주지 못한 나의 마음은
구불구불한 가지가 되고 말았네요
하지만 괜찮아요
가지 끝마다 망울진 당신 생각이
달빛에 깊어지고
바람에 힘입어
붉은 꽃으로 피어날 때
열흘이고 백 일이고
그 꽃으로
당신을 부를 거예요
기다리고 있다고
보고 싶다고
꽃대를 올리며
피고 또 피어날 거예요

물가의 나무처럼

물가의 나무처럼
당신 곁에서
풍성해지고 싶어요
당신에게서 멀어졌을 땐
하루하루 잎이 성글어지고
늘 목이 말랐지요
더디 자라는 바람에
언덕 아래 낮은 곳에 서서
교회 종탑이 노을에 잠기는 것도
지붕 너머 별이 떠오르는 것도 볼 수 없었지요
이제 당신 곁에서
물가의 나무처럼
속 깊은 곳에서부터 차오르고 싶어요
하늘을 향해 높이 자라고 싶어요
넓은 눈으로 먼 곳까지 바라보며
기쁨의 노래를 부르고 싶어요

하늘이 높고 파란 날에도

하늘이 높고 파란 날
내 길도 밝아지네요
내 길가에 자리한
꽃과 나무와 바위가
가을 햇살 속에서
파란 하늘의 흰 구름처럼
나의 밝은 날을 함께하네요
그러나 이러한 날에도 나는
보이지 않는 당신을 기억해요
내 삶에 밤이 찾아와
꽃도 나무도 바위도 흰 구름도 사라지고
깊은 어둠 속에서
강물 소리만 무섭게 구를 때
당신이 보내신
1등성 별들이 나타나
떨고 있는 나를 별빛으로 감싸며
내 길을 함께하리라는 걸
나는 알고 있어요
그렇기에 하늘이 높고 파란 날에도

나는 당신을 생각해요

당신이 나를 지키며

나를 사랑한다는 걸

늘 기억해요

눈처럼 내리는 사랑

소리 없이

눈이 내리는 날

그대 사랑이 오래도록

소리 없이

나의 나무들에 쌓여 왔다는 걸 알았다

감출 수 없는

상처를 덮어 주고

새로운 꿈 일깨워

힘을 내도록

가지마다 꽃망울을 만들도록

희고 따뜻한 그대 마음이

나의 나무들을 눈처럼 덮어 주었다는 걸 알았다

분에 넘치도록

그대 사랑이

나의 나무들에 소복소복 쌓여 왔다는 걸 알았다

눈 오는 날 브런치 카페에서

옆에 곰 인형을 앉힌
여자가
남자의 말을 듣다가
까르보나라를 먹다가
까르르 웃는다

옆에 우산을 세워 둔
남자가
그런 여자를 보며
크레이페를 먹으며
크크크 웃는다

창밖의 자동차 위에는
함박눈이 쌓인다

"내 사랑을 색칠해 주세요(Paint My Love)"*
테이블 위를 흐르던 노래가
여자와 남자의 모습을
시간의 캔버스 위에 스케치한다

* Paint My Love: Michael Learns To Rock의 노래

집으로 돌아가는 길

돌아갈 집이 있다는 건
얼마나 고마운 일인가
나를 기다려 주는 당신을 생각하며
집으로 돌아가는 길
여기서 참고 저기서 삼키며
하늘 한번 올려다보지 못한 채
저물어 버린 하루를
가방에 넣고
집으로 가는 길
우리만큼이나
절여지고 익어 가며
맛이 들어 버린 김치와
우리만큼이나
속 끓고 뒤섞여 가며
맛이 깊어진 된장찌개와
우리 사랑만큼이나
알짜인 굴비 두 마리 식탁에 놓고
오늘도 수고했다고
서로에게 웃어 주며 식사할 수 있는

집으로 돌아갈 수 있다는 건

얼마나 감사한 일인가

절임 배추가 쌓인 걸 보니

절임 배추가 슈퍼 앞에 쌓여 있다
어린 시절이 생각나서일까
보기만 해도 마음이 따뜻해진다
눈이 내리던 그날
절임 배추가 대청마루에 쌓여 있었지
김치를 백 포기나 담던 시절이라
동네 아주머니들이 세 분 더 오시고
어머니와 함께 김칫소를 만들어서
배춧잎 사이사이에 척척 넣으셨다
부엌에서는 동태찌개가 끓고 있었고
여동생들은 마루에서 김치 고갱이를 뜯어 먹다
소매가 고춧가루 범벅이 되고
어린 남동생은 눈을 받아먹느라
마당을 뱅뱅 돌았다
김장을 절반쯤 했을까
어머니가 눈이 소복이 앉은
땅속에 묻어 둔 장독에
김장 김치를 담으러 가실 때
나는 손 시린 어머니를 위해

바가지에 뜨거운 물을 담아 따라갔었지
그런 날 대청마루에서
함께 먹는 동태찌개가 어찌나 맛있던지
밥그릇에는 밥알 하나도 남지 않았다

억새 핀 길을 걸으며

억새 핀 길을 걸으며
그대들을 생각한다
내 인생길 곳곳에 피어 있던
그대들의 손을 생각한다
꽃도 지고 단풍도 스러진
겨울 들판을 홀로 걸을 때
멀리서 손을 흔들며
힘내라고 외치던
그대들을 기억한다
내 길에 스며드는 추위에 몸서리치며
살얼음 낀 징검다리를 건널 때
냇가에 서서 손을 모으고
조심하라고 속삭이던
그대들을 기억한다
내 삶의 나무에
작은 열매라도 맺히는 날이면
손을 흔들며 기뻐해 주던
그대들을 기억한다
억새 핀 길을 걸으며

나를 응원해 주고 격려해 주던

그대들을, 그대들의 따뜻한 손을 생각한다

당신과 함께라서

올해도

당신과 함께라서 좋았어요

당신과 함께하면서 매일매일

당신을 생각하는 마음이 커졌어요

당신에게 감사하는 마음이 깊어졌어요

당신을 따르려는 마음이 강해졌어요

나의 집에 늘 햇빛만 든 건 아니지만

내가 정성껏 키우는

나무의 이파리들이 누렇게 뜰 때도 있었고

열매가 더디 열려 힘이 부칠 때도 있었지만

아무 때라도

무슨 일이 생겨도

당신에게 이야기할 수 있고

도움을 청할 수 있어서 마음 편했어요

나의 집에 은근히 다가오는

수상한 그늘을

물리칠 수 있는 힘을 주셔서 감사해요

내 수고의 열매들이 쌓인 곳간에

메뚜기들이 다가오지 못하도록

막아 주셔서 감사해요

올해처럼 다음 해에도

나는 당신과 함께하고 싶어요

날마다 당신을 따르며

당신과 함께 걷고 싶어요

당신 곁에 있고 싶어요

02
위로와 격려

- 너의 꽃은 시들지도 않고

위로

네 길에만 돌이 있는 건 아니다
네 하늘에만 먹구름이 있는 건 아니다
네가 기댄 나무에만 벌레가 있는 건 아니다

우린 어쩌면
걸려 넘어지고
이유도 모르는 채
먹비를 맞을 것 같은 불길함에 떨고
마음 편히 기댈 사람도 없는 시간을 견디려고
이 세상에 왔는지도 모른다

깨닫고
느끼고
눈물을 흘리며
조금씩 마음이 자라는 기쁨을 누리려고
우린 어쩌면
이 세상에 살고 있는지도 모른다

리아트리스

비탈진 언덕의
리아트리스처럼
하늘에
뜻을 두고 있다면
머리를 두고 있다면
벌레가 물어도
진흙탕 물이 튀어도
불평하거나 화내지 않겠지요
보랏빛 꽃이삭을 키우며
미끄러지지도
쓸려 내려가지도 않으며
꼿꼿이 서 있겠지요
덩굴이 뻗어 와도
겁내지 않으며
어둠이 불러오는
쓰라린 기억들에도 꿋꿋하겠지요
참고 견디며
하늘만 바라보겠지요

사랑스러운 사람

네가 사랑스러운 건
머리에 꽃을 이고 있기 때문인가 봐
미세 먼지로 하늘이 흐려질 때도
세상이 유행병으로 움츠러들 때도
겨울 추위에 강이 얼어붙을 때도
너는 언제나 꽃을 이고
바람이 가는 곳을 바라보았지
그래, 우리도 불고 있는 거야
달리기도 하고
천천히 걷기도 하고
넘어지기도 하면서
떠나고 있는 거지
바람을 따라 나아가고 있는 거야
그러나 너처럼 항상 꽃을 머리에 이고 있지는 못해
그래서 네가 사랑스러운가 봐
너의 꽃은 시들지도 않고
바람에 흩어지지도
꺾이지도 않아
아마도 너의 마음에서 피어났기 때문인가 봐

나도 사랑스러운 사람이 되어
너처럼 늘 꽃을 머리에 이고 살고 싶구나
너처럼 늘 시들지 않는 마음으로 살고 싶구나

너의 꽃은

시들지도 않고

바람에 흩어지지도

꺾이지도 않아

아마도 너의 마음에서

피어났기 때문인가 봐

오직 직진뿐

비바람이 휩쓸고 간
아침 천변 길
나뭇가지들이 흩어져 있고
군데군데 물이 고여 있다
바람에 뜯긴
금계국 꽃잎들이 고인 물 위에 떠 있다
망초꽃은 허리가 휜 채 고개를 숙이고 있고
밤새 시달린
붉은토끼풀은 눈이 빨갛다
바위에 선 오리가
빠른 물살에 뒷걸음질하는데
눈물 머금은
참나리꽃을 살펴보다가
나 역시
덩굴에 걸려 넘어지고 말았다
이 아침에 멀쩡한 건
가로등 기둥에 붙은 직진 화살표뿐
그래, 얘들아, 일어나자
앞을 바라보자

우리가 오늘 해야 할 일은

오직 직진뿐

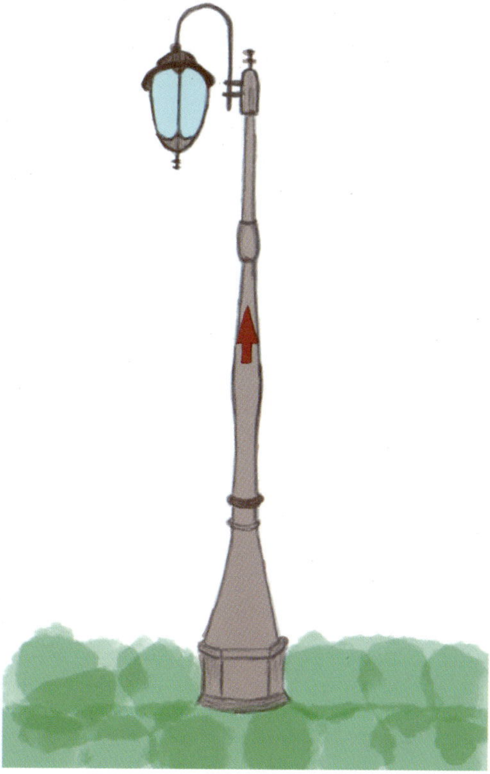

실수

재 보기엔
하나하나 따져 보기엔
마음이 너무 앞서서
잘 볼 수 없었고
잘 알 수 없었겠지
무엇보다
의심할 줄 몰랐겠지

괜찮아
실수는
넘을 수 없는 산도 아니고
치울 수 없는 걸림돌도 아니야
단지
선택의 중요성을 알려 주는
마음의 종일 뿐이야

군자란

군자란 잎 사이에
꽃대가 조금 올라왔다
위의 잎이 햇빛을 가리는 바람에
겨우 모양을 갖춘 봉오리들이
그늘 속에 움츠리고 있다
위의 잎을 들어 올려 줄까 하다가
겨울 추위에 꽃대를 만들었으면
꽃대를 밀어 올릴 힘도 있겠지
그늘을 벗어날 힘도 있겠지 믿어 본다
사람이 그늘을 등지고 해를 향할 때
하늘에게서 힘을 얻을 수 있듯이
자기의 밝은 뜻을 펼 수 있듯이
군자란도 그늘을 벗어나
해를 향해 꽃대를 키워 나갈 때
하늘에게서 힘을 얻을 수 있지 않겠나
꽃샘추위를 이기며
어린 껍질을 벗어 버리고
자기만의 꽃을 피울 수 있지 않겠나 믿어 본다

꽃기린

마음 한쪽이 접힌 날이면
그대를 생각한다
내 삶에 가시가 또 생긴 날이면
그대를 만났던 그 겨울을 생각한다
가시들이 빼곡히 달린 삶의 가지 끝에
일 년 내내 작은 꽃들을 피우며 웃던
그대에게
어떻게 그렇게 웃을 수 있는지
어떻게 그렇게 꽃을 피울 수 있는지
어떻게 그렇게 소망의 푸른 잎을 키우고 있는지
물어보았었지
꽃을 피우고 싶은 욕심은 있으되
늘어나는 가시가 불편하기만 한 나에게
그대는 이렇게 대답했었지
삶의 줄기가 길어질수록
곁가지가 늘어날수록
가시도 늘어나긴 하지만
그 가시마다 햇볕이 머물며
꽃을 피울 힘을 준다고

참고 견디며 온 힘을 다해

꽃을 피우고 나면

오히려 그 가시들이 꽃을 보호해 준다고

새와 나무

새가 나무에게 말했다
다른 새들을 존중할 줄 모르는
이웃 새들은 늘 시끄럽게 떠들었고
머리에 피가 나도록 먹이를 갖고 싸웠지
덩굴이 서로를 얽고 있던 그 숲은 어두웠어
내가 앉은 가지는 거칠고 가시가 있었지
좋은 선택을 하지 못했던 난 슬펐고
자신을 탓하며 움츠러들었지
노래를 부를 수 없었어

나무가 새에게 말했다
지나온 시간에 붙들리지 마
지나온 길에서 교훈을 얻는 것
그것이 중요하고 그것으로 충분한걸
비바람을 견뎌야 꽃을 피울 수 있는 것처럼
아픈 기억을 이겨 내야 날개에 힘이 생기는 거야
돌아보지 마 네 앞의 푸른 하늘을 따라 날으렴
구름도 만나고 별이 뜨는 언덕에도 가 봐
네가 돌아와 기쁜 노래를 부를 때까지

난 여기 있을게 너를 기다릴게
난 너의 친구잖아

이윽고
바람이 일고
노란 깃털 하나가
천–천–히 떨어졌다

나무가 새에게 말했다

지나온 시간에 붙들리지 마

지나온 길에서 교훈을 얻는 것

그것이 중요하고 그것으로 충분한걸

비바람을 견뎌야 꽃을 피울 수 있는 것처럼

아픈 기억을 이겨 내야 날개에 힘이 생기는 거야

가방을 앞으로 멘 청년

출근길 지하철에서
가방을 뒤로 멘 사람들은
자기 가방이 무슨 짓을 하는지 모른다
샌드백이 되어 남의 머리를 치고
안경을 떨어뜨리는데도
냄새는 또 어떻고
아무 데나 겨누는
가방에 꽂힌 등산용 스틱은 또 어떻고
그래서일까
오늘 만난 그 청년
가방을 앞으로 멘 그 청년이 너무나 신통하다
자기 것을 껴안고 다잡는 모습이 사랑스럽다
분명 그는 앞가림도 잘하고
자기 식구들도 잘 챙길 것 같다
남을 배려할 줄 아는 그는
왠지 고운 길을 가며 사랑받을 것 같다

자전거와 가로등

네게 좀 기대도 될까
쉼 없이 달려야 했던
바퀴를 멈추고
하루하루
무게 중심을 잡느라 힘주던
몸의 힘도 빼고
방향을 잡느라 애쓰던
손잡이도 놓아두고
네게 기대어 좀 쉬어도 될까
늘 되풀이해서 돌아야 했던
페달도 세우고
갑자기 나타난 장애물 앞에서,
뜻하지 않게 맞닥뜨린 내리막길에서
온 힘을 쓰다 탈이 난
브레이크도 잊고
네게 기대어 잠시 내 삶을 돌아봐도 될까
빛으로 길을 밝히는
네게 기대어
새로운 꿈을 꾸어도 될까

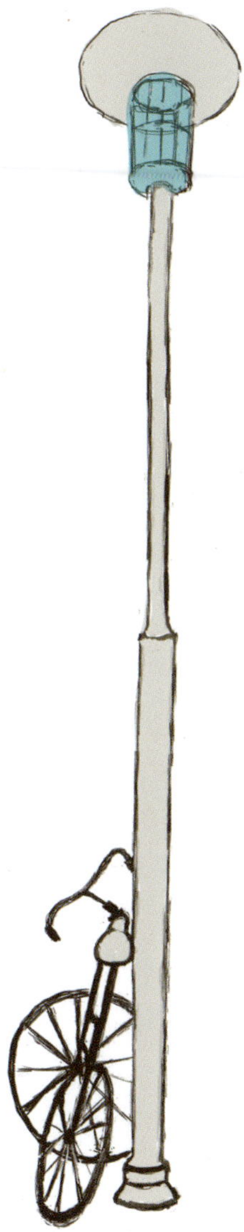

파란 새

비 그친 오후에 찾아간
그 작은 카페는 문을 닫았다
코로나 19 때문일까
우리가 유리문에 붙은 안내문을 읽는데
가게 앞 화분의 나무 이파리에서
빗물이 눈물처럼 툭 떨어진다
예전에 함께 보았던 고무나무였다
우리는 마주 보았다
곧 끝나겠지
마스크로 가려지지 않은
친구의 눈동자에 흐린 도시 풍경이 비치고
파란 새 한 마리가 날아가는 게 보였다
우리는 마스크를 고쳐 쓰고
하늘이 개는 쪽으로 걸어갔다
파란 새가 우리를 따라왔다
잿빛 구름이 머물고 있는 육교를 건너
우린 지하철역으로 갔고
산 너머 저쪽으로 가는 열차를 탔다
열차 안으로 따라 들어온

파란 새가 흔들리는 내 안으로 들어왔다

내 마음속 고무나무 가지에 내려앉았다

스트로브잣나무

너도 나만큼이나
매끈한 날이 많았구나
하지만 눈물 흘리던 날들도 있었네
드문드문 마디가 있는 걸 보니
왠지 모르지만
천둥 번개가 쳤던 거지
낮이 되어도 해가 뜬 거 같지 않고
밤이 되어도 별이 뜬 거 같지 않아
속을 썩이며 견디던 날들이 있었던 거지
터져 나오는 울음을 참느라
길고 무겁기만 하던
하루하루의 살이 트고 갈라지고
찬바람과 빗물이 그곳에 스며들었겠지
천천히 딱지가 앉고
딱지 앉은 굳은 마음이 마디를 이루었고
신기한 건 그 마디에서 새 가지가 나왔다는 거야
그 가지에 새 잎들이 돋아나고
그렇게 너는 자라고 풍성해졌던 거야
그래, 나도 그랬던 것 같아

매끈한 날들이 아니라
울퉁불퉁한 삶의 마디에서
캄캄한 눈물 속에서
새 가지가 나오고 잎이 나왔던 것 같아
그렇게 마디의 힘으로 살아왔던 것 같아
너만큼이나 나도

은행나무

11월

은행나무 옆

아스팔트에 은행잎이 떨어진다

질긴 땡볕을

견디다 못해

갈라지고 미어지며

끈적한 슬픔이 배어나는

아스팔트를

그늘로 감싸 주려 애쓰던

은행나무가

괜찮아, 괜찮아

자기의 것을 다 내주며

아스팔트를 덮어 준다

금이 간 아스팔트 위에

아물지 못한 상처 위에

쌓이는

황금빛 위로

따뜻한 사랑

뒤로 걷는 사람

그는 또 뒤로 걸었다
한쪽으로 치우치며 걸었다
앞의 풍경은 밀려나고
집과 가족과 친구들은 멀어져 갔다
앞을 보며 걸어도
똑바로 걷기 어려운 세상에
그는 어쩌자고 뒤로 걷는 걸까
지금의 자신과는 다른
예전의 자신을 만나고 싶은 걸까
지금의 세상과는 다른
옛 세상 속으로 들어가고 싶은 걸까
들어가 뭐라도 하고 싶은 걸까
그러나 시간의 껍질 앞에서 허우적대다
웅덩이에 빠지거나
돌부리에 걸려 넘어지기만 할 뿐
뒤로 걷는 일은
흘러간 바람을 잡으려 애쓰는 일과 같다
어떻게 해야 그를 멈출 수 있을까
어떻게 해야 앞을 보게 할 수 있을까
어떻게 해야 앞으로 걷게 할 수 있을까

꽃이 지는 저녁에

바람이 붑니다
이 저녁에
꽃이 집니다
아무것도 가져갈 수 없지만
지는 꽃은
기억만이라도 가져가고 싶은 걸까요
시나브로 떨어진 꽃잎은
기억으로 물들어 있습니다
꽃은 어떤 기억을 가져가고 싶은 걸까요
꽃잎을 따던 손에 대한 기억은 아니겠지요
자기에게 시비하던 사람들에 대한 기억도
땡볕에 목말라하던 기억도 아니겠지요
아마도 끝까지 붙들고 싶은 기억은
가슴 뭉클했던 기억이 아닐까요
볼을 맞대고 함께 꽃을 피우던 식구들
비바람에 휘어진 자기를 들어 올려 주던
새 흙을 얹어 주며 도닥여 주던 친구들에 대한
사랑의 기억을 가져가고 싶지 않을까요

퇴근길

진눈깨비를 맞으며
퇴근하는 길
오늘따라 유난히도 멀고 춥기만 한
집에 가는 길
어수선한 것이 어디 눈뿐이랴
오그라들고 얼어붙은 것이 어디 마음뿐이랴
버스 승강장 앞 가게에 붙어 있는
'임대 문의' 종이도 얼어 있다
몇 달 전 개업한 옆 가게에서는
인테리어 공사를 또 새로 하는지
뜯겨 나온 벽지와 목재가
버티다 못해 뜯겨 나온 주인처럼
질척이는 길에 던져져 있다
차마 볼 수 없어 외면하고
아파트 오르막길에 늘어선
검은 벚나무를 따라 올라간다
그래도 봄은 오겠지
기다리다 보면 꽃이 피겠지
움츠러든 가슴을 펴고

흐려진 안경을 닦는다

진눈깨비에 맞서며 올라간다

가지치기된 겨울나무의 말

잘렸다고 해서
다 잘린 건 아니에요
걱정하지 마세요
난 괜찮아요
잘린 곳에서 물이 나온 건
눈물이 아니에요
그냥 바람이 차서 그래요
그들을 원망하지 않아요
그들은 자기 할 일을 했을 뿐이고
내게는 새로운 기회가 찾아왔을 뿐이에요
비록 눈이 소복하고 얼음 천지지만
가만히 귀 기울여 보세요
얼음장 밑을 흐르는 물소리 들려요?
내 마음이 그래요
난 멈추지 않아요
새로운 가지와 잎을 만들 거예요
당신이 내 그늘에서 쉴 수 있도록
내가 제일 잘하는 걸 다시 해 볼 거예요

첫발을 내디디세요

당신이 그곳까지 갔다가 돌아섰다니
마음이 짠하네요
문도 열려 있었는데 들어갈 수 없었군요
당신이 찾던 곳이었을망정
당신이 있어야 할 곳이었을망정
상처 많은 당신이 발을 들여놓기에는
그곳은 너무 낯선 곳이었을 거예요
물건도, 소리도, 냄새도, 미소조차도
낯선 곳에서
뭔가를 새로 시작한다는 건
사실 두려운 일이죠
몇 번이나 문턱에 걸려 넘어졌던 당신에게
그건 너무 힘든 일이죠
그러나 그래도 발을 높이 들어
첫발을 내디뎌 보세요
그러면 당신은
그곳에 먼저 가 당신을 기다리며 서 있는
당신과 함께하고 싶은 내 마음을
보게 될 거예요
어서 첫발을 내디디세요

지혜롭게, 용기 있게

버텨야 할 때가 있고
돌아서야 할 때가 있다

나아가야 할 때가 있고
멈춰야 할 때가 있다

맞서야 할 때가 있고
피해야 할 때가 있다

살펴봐야 할 때가 있고
눈감아야 할 때가 있다

때를 알고
때에 맞게 행동하는 것
지혜롭게, 용기 있게
자기만의 삶을 사는 것

03
성찰과 꿈

- 좁은 길로 가는 이유

거리

떨어져서 볼 때
세상이 더 잘 보인다
냇물과 길이
길에 선 가로수와
비탈에 핀 금계국이
어떻게 나뉘고 갈라지고
어떻게 합해지는지

떨어져서 생각할 때
길이 더 잘 보인다
지나온 길과 가야 할 길이
어제의 나와
오늘의 내가
어떻게 나뉘고 갈라지고
어떻게 합해져야 하는지

가시철망

아파트에서
펜스 위의 가시철망을 걷어 낸 날
나도
마음속의 가시철망을 걷어 냈다

그렇게 살 건 아니다

경계는 있어야 하니까
존중받아야 할 영역은 있어야 하니까
펜스는 친다 하더라도
가시철망까지는 아니지

지나치게 방어할 건 뭐람

이왕 내친 김에
펜스 일부를 잘라 내고
문을 내야 하지 않을까

누구든

내 정원을 산책할 수 있도록

빙빙 돌 필요 없이

바로 들어오고

쉽게 나갈 수 있게 말이야

구름의 그늘에서 벗어나려면

왜 구름이 나타나
나에게 또 그늘을 만드는지
그 구름을 어쩔 것인지
골똘히 생각하며 걷는데
할머니 한 분이 양손의 짐을 내려놓고
가로수를 짚고 서 있다
안쓰러운 마음에
할머니의 짐을 들어 드린다
이게 다 무슨 짐인지
이 짐을 들고 어딜 가시는 중인지
이야기를 나눈다
슈퍼를, 정육점을, 약국을 지나고
할머니 아파트까지 들어다 드린다
할머니가 고맙다며 요구르트를 꺼내 준다
사양하다 받아들고 기쁘게 돌아서는데
문득 할머니 짐을 들어 드리는 동안
내 마음이 그늘에서 벗어났음을
그 구름을 잊었음을 깨닫는다
이렇게 할 때

그늘이 기쁨에 밀려난다는 걸

하늘이 나 대신 구름을 맡는다는 걸 깨닫는다

그 집 울타리가 예쁜 이유

그 집의 녹색 철망 울타리는
아무나 오를 수 있는 길이다
아무나 놀 수 있는 판이다
저쪽이 궁금한
나팔꽃이 덩굴 따라 철망을 올라가고
이쪽이 궁금한
분꽃이 철망 사이로 고개를 들이밀고 있다
키 큰 나리꽃은 철망 기둥 끝에 턱을 걸치고
바람에게서 먼 곳의 이야기를 듣고 있다
늦게 핀 붉은 인동꽃과
늦게 핀 붉은 장미꽃이 철망 위에서
한통속으로 얼굴을 맞대고 있다

꽃들이 넘나들며 어울리고
잎과 줄기들이 얽히고
덩굴과 철망을 구분할 수 없는
그 집 울타리는 예쁘기만 하다

나비인지 나방인지

복도에서
나비인지 나방인지를 보았다
나는 그것을 나방이라고 생각한다
만일 그것이 나비라면
대낮에 들판에서 날아야 하고
꽃과 함께 있어야 하는데
그것은 먼지와 함께 있었고
어둑한 구석에서 날았으니까

있을 곳을 잘 선택해야 한다
남을 탓할 필요가 없다
나비로 인정받고 싶으면
무밭으로 가든지
꽃밭으로 가야 한다
낮에 날아야 한다

언제 나는지
어디서
누구와 함께 있는지에 따라

나비가 되고

나방이 된다

꽃병

그루터기에
작은 꽃병 하나 놓여 있다
꽃병은 무슨 생각을 하며
낮과 밤을 보내는 걸까
햇빛을 모으는 걸까
달빛을 모으는 걸까
별빛을 모으는 걸까
무엇으로 마음을 채워야 할지 몰라
싱숭생숭한 날
그루터기에 앉아
꽃병을 들여다본다
별빛도 달빛도 햇빛도 아닌
물이 꽃병에 고여 있다
3월이 오면
누군가가 개나리라도 한 가지
꽂아 주길 기다리며
자기가 꽃병다워지는 날을 꿈꾸며
꽃병은 빗물을 모았나 보다
이제야 꽃병이 무슨 생각을 하는지 알 것 같다

이제야 나도 무슨 생각을 해야 할지

무엇으로 마음을 채워야 할지 알 것 같다

물에 잠긴 돌

넓은 돌 하나
물속에 잠겨 있다
고운 이끼가 낀 채
왠지
꿈꾸는 것처럼 보인다
자기 주변을 오락가락하는
송사리 떼한테는 눈길도 주지 않은 채
그는 무슨 생각에 잠겨 있는 걸까
혹시
때를 기다리고 있는 건 아닐까
물에서 올라와
징검다리가 되고 싶은 건 아닐까
다시 한번 햇볕에 몸을 말리고 싶은 건 아닐까
사람들이 물 앞에서 주저앉지 않기를
자기를 밟고 물을 건널 수 있기를
꿈꾸는 것 아닐까
멀어지는 그들의 뒷모습을 바라보며
뿌듯한 기쁨을 맛보고 싶은 게 아닐까

바다를 향해 눕는 나무 — 마카오에서

그 도시는
본뜨고 축소하고 흉내 낸다
에펠 탑도, 콜로세움도, 베네치아 운하도
예쁜 하늘도
그럴 듯하게 만들어 낸다
살아오면서
복제품과 모조품과 인공물에 익숙해져서인지
나는 너그럽게 구경하며 지나쳤다
진짜가 아니면 어떠랴
그래도 원본 분위기가 나는걸
그러나 금빛 카지노 쪽에서 만난 그 나무 앞에선
오랫동안 멈춰 서 있어야 했다
그 나무가 바다를 향해 눕고 있었기 때문이었다
머리가 바다 쪽으로 뾰족하게 자라 있었다
바다에 누워
인공조명에 치이지 않는
별들로 가득 찬 밤하늘을 보고 싶었던
잊었던 나의 꿈을 그 나무가 꾸고 있었기 때문이었다

매미

7년을 준비해 이 세상에 나와
한 달도 못 살고 떠나는 매미이기에
노래하고 외치고 부르느라
요란하던 매미가 조용하기만 한
비 오는 오늘
매미는 안녕한지 궁금하다
아마도 매미는 그간의 삶을 추스르며
새로운 노래를 준비하고 있을 것 같다
자기가 좋아하는 빛이 없다고
자기에겐 세상이 너무 서늘하다고 웅크리지 않고
어떤 노래를 부를 것인지
자기 노래에 어떤 색을 입힐 것인지
어떻게 노래를 부를 것인지
고민하고 있을 것 같다
땡볕 내리쬐는 그날이 오면
물기 젖은 날개를 털고
노래하고 외치고 부르기 위해
빗속에서 외롭게
꿈꾸고 있을 것 같다

비가 오는 여름날

시를 쓸 수 없는 오늘

매미가 가깝게 느껴진다

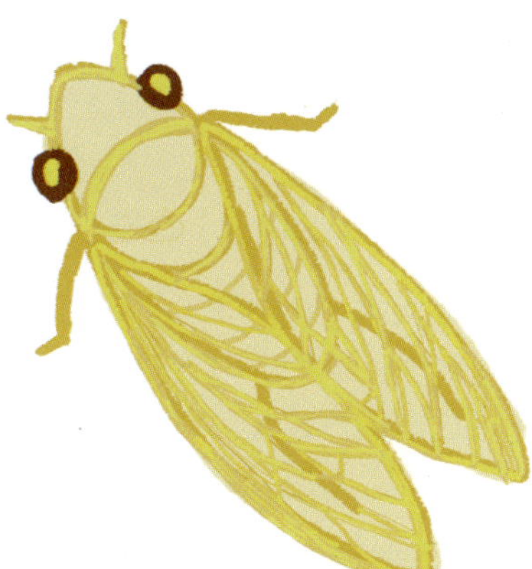

오늘, 푸른 잔디 마당에 서서

오늘이라는
나의 마당에는
푸른 잔디가 새로 나 있다
그러나 그 푸른 잔디 마당에는
지난날의 응어리가 큰 돌로 남아 있고
잔디를 해치는 나쁜 기억의 벌레가 있다
아직도 채우지 못한 화분이 있고
빈 가지로 바람을 맞는 나무가 있다

오늘 나는
무엇에 초점을 맞출 것인가
큰 돌을 보며 아파할 것인가
벌레를 보며 불평할 것인가
빈 화분을 보며 포기할 것인가
죽었을지도 모를 나무를 보며 불안해할 것인가

나는 오늘
푸른 잔디에 초점을 맞추고 싶다
푸른 잔디 마당에 서서 하늘을 올려다보고 싶다

감사한 마음으로

큰 돌도, 벌레도, 빈 화분도, 죽은 나무도 다 품고서

오늘의 푸른 마당을

하늘의 뜻대로 꾸미고 싶다

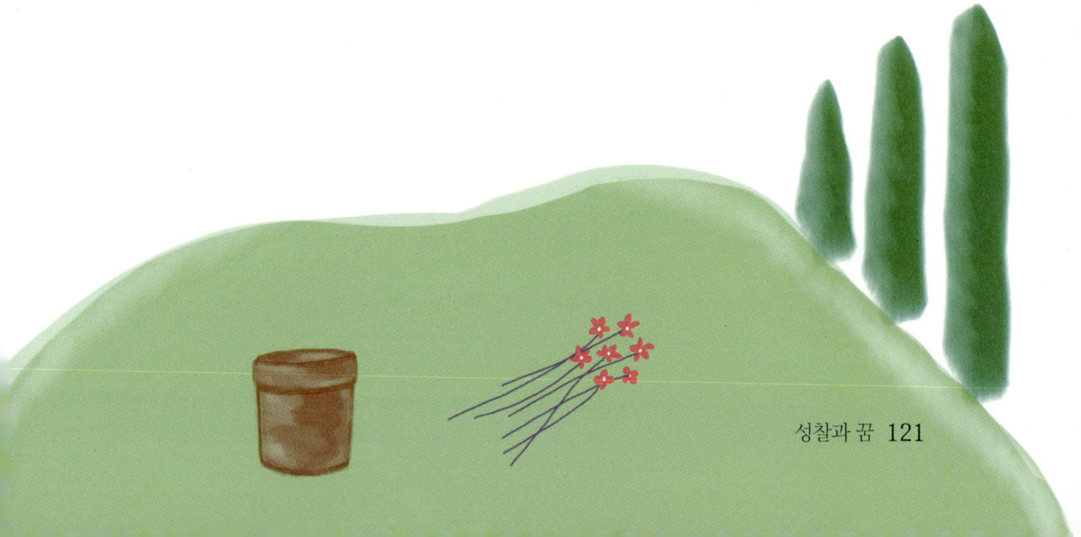

야자 매트

아파트 단지 한쪽
소나무가 양쪽으로 늘어선 흙길에
넓적한 돌들이 징검다리처럼 놓여 있다
돌만 골라 딛는 재미도 있지만
돌들의 간격이 다르고 모양이 달라
조심하는 재미도 있다
눈이나 비가 오는 날엔 미끄러워서
천천히 걸어야 한다
그래도 아무도 넘어지거나 다치지 않았다
관리실에서 야자 매트로 그 길을 덮을 때까지는

야자 매트로 덮은 길은
판판해 보였지만
돌이 어디에 있는지 알 수 없었다
급기야 발을 헛디딘 주민이 발목을 삐고
아이들이 뛰어가다가 넘어졌다

그들은 왜 우리에게 물어보지도 않고
그 길을 문제라고 생각했을까

그들은 왜 문제를 덮어서 해결하려고 했을까

문제가 보일 때보다

문제를 덮었을 때가 더 위험하다는 걸

그들은 왜 몰랐을까

오래된 수첩을 보며

읽어도 배고프고
들어도 배고프고
보아도 배고파서
마구잡이로 배를 채우던
젊은
하루들이
배만 불룩 나와
우스꽝스럽던 시절
그때 심어 둔 글자들이
누렇게 땀이 배고
눈물에 젖은 채
걸어 나와
편안함에 길들여진
배부른
나의 오늘 속으로 들어온다
속이 불편하다

12
9
3
6
12
9
3
6
12
3
9
6

이정표 앞에서

떠나온 지
얼마나 되었는지
얼마나 남았는지
따지지 않는다
다만
어디로 갈지
무엇을 할지
누구와 함께 갈지만
헤아릴 뿐이다

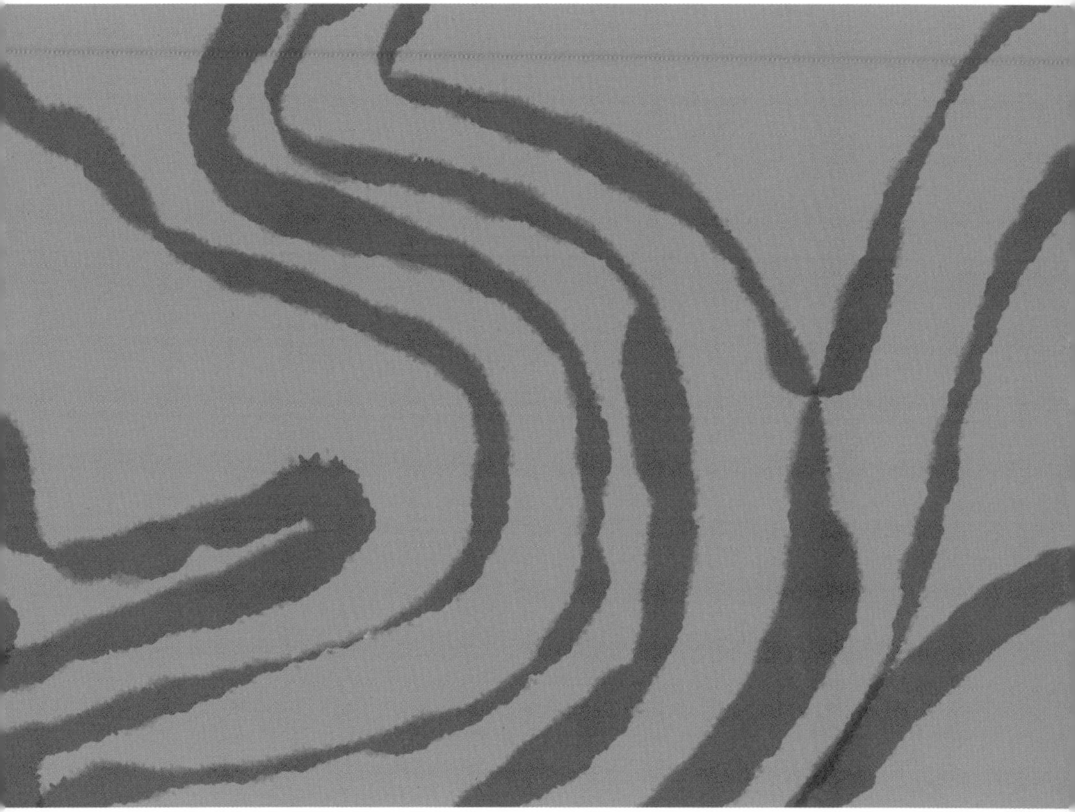

풍경

오리 한 마리가
물가 풀숲으로 다가가
힘껏 목을 늘여
분홍 고마리꽃을 따 먹었다
물속만 뒤지던
친구 오리도 따라와 꽃을 따 먹었다
그러고는 둘 다 스윽 물속으로 들어갔다 나오더니
춤을 추듯 빙그르르 돌았다
두 오리 주변에 물무늬가 생겼다
그들이 좋아 보였던 걸까
다른 친구 오리들이 다가왔다
백로도 나타났다
까치도 내려와 바위에 섰다
그러나 아무도 꽃을 따 먹지 않았다
다른 친구 오리들이 휙 돌아서
오던 길로 되돌아갔다
꽃을 따 먹기가 쉬워 보였던
백로도 조용히 돌아서 성큼성큼 떠나갔다
구경이 끝났는지 까치도 날아갔다

꽃의 맛을 본 두 친구만 남아서

계속 꽃을 따 먹었다

호수를 바라보며

얼었던 호수가 흐른다
호수의 물결 이랑마다
해가 반사되어
밝고 따듯한
작은 해들이 생겨난다
아, 그런가
우리 삶의 물결 이랑마다
작은 해들이 생겨나려면
흘러야 하던가
봄날의 언덕처럼
몸을 풀어야 하던가
얼음처럼 단단한 자기 고집을 버리고
낮게 누워
온 마음을 열고 해를 바라보아야 하던가
넓고 부드러운 마음으로 해를 받아들일 때
우리 삶의 물결이
하늘에서 불어오는 바람을 따라 흐를 때
하루하루 삶의 이랑마다

해가 반사하며

작은 해들을 만들어 내던가

넓고 부드러운 마음으로 해를 받아들일 때

우리 삶의 물결이

하늘에서 불어오는 바람을 따라 흐를 때

하루하루 삶의 이랑마다
해가 반사하며
작은 해들을 만들어 내던가

좁은 길로 가는 이유

왜 넓은 길 놔두고
좁은 길로 가냐고 이상해하지만
다 이유가 있지요
좁은 길은
조금 힘들지만 호젓하게
하늘을 올려다보며 걷기 좋아요
그늘에서도 잘 자라는
길가의 풀꽃들을 보며
배울 수 있어요
구불거리거나 울퉁불퉁한 곳에서는
하얀 새가 나타나
조심하라고 속삭여 줘요
그러나 무엇보다
그 길 끝에 내 친구가 살고 있기 때문이에요
그 길 끝에는
햇빛에 빛나는
라벤더 밭과 금빛 길,
크리스털 유리 집이 있어요
내가 좁은 길로 가는 이유는

내 친구가 그것들을 마련해 놓고 간절히

나를 기다리고 있기 때문이에요

유리창을 닦으며

밖의 세상을 더 잘 보자고
거실 유리창을 닦아 본다
여름내 베란다 문을 열어 놨기에
더 더러울 거라고 생각했던
유리창의 바깥쪽 면보다는
안쪽 면이 더 더럽다
유리 세정제를 뿌리고
안쪽 면을 문지르자
시커먼 때가 묻어 나온다
그러고 보니
유리창만이 아니라
세상이 흐릿하게 보이는 건
세상이 답답해 보이는 건
내 안쪽이 흐릿하기 때문이다
밖이 그렇다기보다는
하루하루
내 안에서 얼룩이 지고 먼지가 쌓여
내 눈에 때가 끼기 때문이다

느티나무 두 그루

비슷한 모양의
느티나무 두 그루가 서 있다
한눈에 들어오는 두 나무의 주변에는
햇빛을 가리는 것도 없고
두 나무의 흙이 달라 보이지도 않는다
그러나 한 나무는 봄에 잎이 빨리 났고
여름에 더 일찍 무성해졌으며
가을에 단풍도 빨리 들었다
다른 나무는 뭐든지 느렸다
그 나무를 보면서 나는 늘
이상하다 똑같은 환경에서
저 나무는 왜 더딜까 생각했는데
두 나무 잎이 다 떨어진 겨울날 문득
이상한 건 두 나무가 아니라
나라는 걸 깨달았다
느리고 빠른 건 나에게만 있을 뿐
느린 나무도 빠른 나무도 없었다
심지어 그 나무들은 내게 관심도 없었다
두 나무는 비와 햇볕을 즐기며

자신의 일을 열심히 할 뿐이었고

잎을 말리는

추위마저도 순순히 따를 뿐이었다

끈

나무에
회색 커튼 끈이 떨어졌다
끈으로 덮인 곳에서는
언제 꽃이 졌는지
꽃이 진 자리에 잎은 나왔는지
봄이 가도록
알 수 없었다
아마도 컴컴한 무게에 눌려
꽃들은 물러졌으리라
햇빛을 잊었으리라
그래도 나무는 여름내 무성해졌고
그 끈은
못된 인연처럼
비바람에도 버티며
오히려 가지를 감아 맸다
결국 땅을 흔들며 폭풍우가 몰아치던 날
하늘을 찢으며 내리친 벼락에
가지가 부러지고 나서야
끈은 나무에게서 떨어져 나갔다

나무는

한쪽 가지가 잘린 채로

빗속에 서 있었다

내가 때때로 슬픈 이유

호박죽이 끓어 넘쳤을 때 나는
내가 때때로 슬픈 이유를 알았다
내 인생에서는
시계의 시침과 분침이
시계의 틀 안에서 규칙적으로 돌아가듯
호박죽은 냄비 안에서만 끓어야 했다
호박죽에 찹쌀가루를 넣어야 할
알맞은 때가 있듯이
인생에는 알맞은 때가 있었다
행복한 삶의 예가
머릿속에 기준으로 쌓여 있었다
어느새 나도 모르게
그런 작은 틀에 갇혀서
그런 틀로 바라보면서
나 또는 가까운 누군가가
끓어 넘치는 호박죽처럼 그 틀을 벗어날 때
알맞은 시간에 어떤 일을 하지 않을 때
나는 걱정이 되고 슬프기까지 했던 것이다
정해진 때나 정해진 틀만 없어도

속상할 것도, 슬플 것도 없을 것을
찹쌀가루를 넣지 못해 호박죽이 묽으면
묽은 대로 먹으면 되고
호박죽이 끓어 넘치면 치우면 될 것을
왜 나는 그렇게 어리석었을까 때때로
그 어리석음 때문에 슬프기까지 하지 않았던가

뭔들 못 할까

그 나무는 아치를 만들었다
어쩌다 그 나무의 가슴에
무지개 모양의
아치가 새겨졌는지는 모르지만
햇볕 속에서
비바람 속에서
어둠 속에서
나무는 가지와 잎들로
천연스럽게 자기의 꿈을 그려 내었다
한 가지의 잎들이 아치 중심부를 만들고
그 아래 왼쪽 가지 잎들과 오른쪽 가지 잎들이
그것을 이어받아 푸르른 아치를 완성했다

하기야
마음을 합한다면
뭔들 못 할까
위아래 따질 것 없이
같은 꿈을 꾼다면
뭔들 못 할까

부록

– 독자에게 드리는 선물

꽃이 피어서 좋다
네가 와서 좋다

너를 생각하며
너를 기다리며

문밖의 네가
꽃처럼
물을 사랑하고
햇볕을 사랑하고
바람을 사랑하고
먹구름과 어둠까지 사랑하길 바랐지

기쁜 날을 꿈꾸며

꽃이 피길 바랐지
문이 열리길 바랐지
네가 오길 바랐지

—최명숙, 《황금빛 위로》, <기쁜 날>

창가에 스며드는 햇빛처럼
창가에 번지는 제라늄 분홍빛 웃음처럼
따뜻하고 해맑은 너를
내가 기다리고 있다는 걸
내가 이렇게 행복한 사람이라는 걸
사람들은 알 수 있을까

—최명숙, 《황금빛 위로》,
〈제라늄 핀 카페 창가에 앉아〉 중에서

깨닫고
느끼고
눈물을 흘리며
조금씩 마음이 자라는 기쁨을 누리려고
우린 어쩌면
이 세상에 살고 있는지도 모른다

-최명숙, 《황금빛 위로》, 〈위로〉 중에서

결혼 생활은
50:50이 아니다
그저 온 힘을 다해
제 몫을 하면서
서로를 섬기는 것이다
온 마음을 다해
서로를 품고
같은 곳을 향해
함께 걸어가는 것이다
—최명숙, 《황금빛 위로》, 〈부부〉 중에서

여전히 난 당신 편이에요
내 마음은 늘 당신을 향해 열려 있고
내 손은 따뜻해요
나는 예전처럼 당신을 지켜 줄 거예요
당신은 내게서 안전해요
볼 수 없고 만날 수 없는 때라도
난 언제나 당신 편이에요
당신과 함께 있어요

—최명숙, 《황금빛 위로》,
〈난 언제나 당신 편이에요〉 중에서

억새처럼
내 인생길 곳곳에 피어 있던
그대들의 손을 생각한다
억새 핀 길을 걸으며
나를 응원해 주고 격려해 주던
그대들을, 그대들의 따뜻한 손을 생각한다

-최명숙, 《황금빛 위로》,
<억새 핀 길을 걸으며> 중에서

당신과 함께라서 좋았어요
당신과 함께하면서 매일매일
당신을 생각하는 마음이 커졌어요
당신에게 감사하는 마음이 커졌어요

—최명숙, 《황금빛 위로》, <당신과 함께라서> 중에서

그 길 끝에는
햇빛에 빛나는
라벤더 밭과 금빛 길,
크리스털 유리 집이 있어요
내가 좁은 길로 가는 이유는
내 친구가 그것들을 마련해 놓고 간절히
나를 기다리고 있기 때문이에요

-최명숙, 《황금빛 위로》,
<좁은 길로 가는 이유> 중에서